Barême
pour le calcul des
Pensions Militaires

des SOUS-OFFICIERS, CAPORAUX et SOLDATS

PENSIONS PROPORTIONNELLES ET
:: :: :: D'ANCIENNETÉ :: :: ::
PENSIONS des VEUVES et ORPHELINS

DÉCOMPTE DES SERVICES ET DES
:: :: :: :: CAMPAGNES :: :: :: ::
RÉCLAMATIONS, AVANCES, REVISION.

:: TABLEAUX ET BARÊMES ::
:: :: :: :: pour calculer :: :: :: ::
PENSIONS PROPORTIONNELLES ET
:: :: PENSIONS D'ANCIENNETÉ :: ::
MAJORATIONS ET COMPLÉMENTS

ÉTIENNE CHIRON, ÉDITEUR
40, RUE DE SEINE
PARIS

Prix : 2 fr. 50

Barêmes pour le Calcul
DES
PENSIONS MILITAIRES
des Sous-Officiers, Caporaux et Soldats
conformément aux lois des 11 Avril 1831, 25 Mars 1920, et 16 Avril 1920.

INTRODUCTION

Les nombreuses réclamations que reçoivent journellement les différentes administrations qui, d'une manière quelconque, soit directement, soit indirectement, s'occupent du règlement des pensions des militaires de carrière, m'ont suggéré l'idée qu'un ouvrage de vulgarisation serait bien accueilli par les militaires de carrière, par les militaires en instance de retraite, par les retraités et par toutes les administrations intéressées.

Cette nécessité m'est apparue d'autant plus évidente que les lois des 25 mars et 16 avril 1920 ont singulièrement compliqué le calcul des pensions par suite des augmentations variables qu'elles prévoient.

Ces suppléments de pension sont le résultat d'opérations diverses qu'il est malaisé d'établir pour quiconque n'est pas au courant de la liquidation des pensions. L'ouvrage que voici permet à n'importe quel militaire de la troupe de connaître sans difficulté et sans opération le montant exact de ses droits à pension quelle que soit la durée de ses services, ainsi que nous le démontrerons par la suite.

D'autre part, et afin de faire œuvre utile complète, je me suis appliqué dans la « Notice explicative » à éliminer tout ce qui pouvait rendre obscur et inintelligible les différents textes des lois, décrets ou circulaires réglementant le régime des pensions militaires : le lecteur ne trouvera donc dans ce texte que les indications strictement indispensables.

Ces données, d'ailleurs, servent continuellement à l'élaboration des décomptes des pensions qui sont contrôlés par le Ministère des Finances, lequel n'établit le titre de paiement qu'après avoir rigoureusement examiné les liquidations faites au Ministère des Pensions.

Avant d'expliquer le jeu des différents tableaux contenus dans cet ouvrage, il y a lieu de considérer les diverses catégories de militaires :

1º Pensionnés d'avant-guerre n'ayant pas repris de service ;

2º Pensionnés d'avant-guerre ayant repris du service pendant la guerre, mais libérés avant le 1er juillet 1919.

Ces militaires n'ont droit qu'à la majoration calculée sur leur pension d'avant-guerre.

3º Les soldats et caporaux libérés avant ou après le 1er juillet 1919 n'ont droit qu'à la majoration ;

4º Les sous-officiers libérés avant le 1er juillet 1919 n'ont droit qu'à la majoration ;

5° *Tous les sous-officiers libérés depuis le 2 juillet 1919 ont droit :*
   1° *Au complément afférent à leur grade ;*
   2° *A la majoration.*

Pour évaluer la pension proprement dite, il suffit de se reporter aux tableaux des pensions proportionnelles si le militaire a moins de 25 ans de service (services effectifs et campagnes) ou à ceux des pensions proportionnelles et d'ancienneté si le militaire a plus de 25 ans (services effectifs et campagnes comprises).

Ex. : sergent ayant une pension d'ancienneté pour 28 ans 4 mois :
   soit 850 francs ;
(voir le tableau « Sergent » sous le titre « Barême des Pensions proportionnelles et d'ancienneté »), page 13.

Le montant de la pension connu, il suffira, pour connaître la majoration et le complément, de se reporter au « Barême des majorations et du complément des pensions proportionnelles et d'ancienneté de 800 à 1.400 fr., au montant de la pension, soit 850 francs.

Pension.	850	»
Majoration (colonne ancienneté) . .	800	»
Complément (colonne ancienneté) . .	104.25	
Montant de la pension en 1923 . . .	1.704	»

Si le militaire était libéré entre le 1ᵉʳ juillet 1921 et le 1ᵉʳ juillet 1923, il y a lieu de faire l'opération ci-dessous pour avoir le complément :

$$\frac{104,25 \times 2}{3} = 69 \text{ fr. } 50$$

Les barêmes de la majoration et du complément sont établis par dizaines et par centaines. Les unités font l'objet d'un tableau spécial.

Il y a donc lieu de se reporter aux deux tableaux pour trouver le chiffre exact de la majoration et du complément d'une pension dont le dernier chiffre va de 1 à 9.

Exemple :

Pension proportionnelle d'un adjudant-chef ayant accompli 22 ans, 10 mois. .			1.005	(p. 12)	
Complément sur	1.000	=	423 95	(p. 27)	
—	—	5 =	4.43	(p. 29)	
	1.005	=	428.38	428	
Majoration sur	1.000	=	663 »	(p. 27)	
—	—	5 =	1.25	(p. 30)	
	1.005	=	664.25	664	

Montant de la pension en 1923. .   2.097

Ces trois sommes ne comportent pas de centimes, ceux-ci lorsqu'ils atteignent ou dépassent 0 fr. 50, étant comptés pour 1 franc.

La complexité de ce travail n'échappera certainement pas aux personnes habituées à faire des opérations d'arithmétiques, car l'élaboration de ces barêmes a nécessité des recherches patientes et laborieuses et une application très soutenue.

Souhaitons que ces travaux aient l'accueil qu'ils méritent auprès de tous ceux que la question des pensions intéresse.

   L'AUTEUR.

NOTICE EXPLICATIVE

Les pensions militaires des troupes métropolitaines (sous-officiers, caporaux et soldats) sont de deux sortes :
Les pensions proportionnelles ;
Les pensions d'ancienneté.

Pensions proportionnelles. — Il faut avoir accompli, consécutivement ou à plusieurs reprises, 15 ans de service effectif (1).
On entend par service effectif tout le temps passé sous les drapeaux.

Pension d'ancienneté. — Le droit à pension à titre d'ancienneté, pour sous-officiers et hommes de troupe, est acquis après 25 ans de service effectif.

Décompte des services effectifs. — Le service effectif dans l'armée active commence :
Pour les jeunes soldats d'une classe antérieure à 1904 et pour les engagés conditionnels du jour de la mise en route ;
Pour les jeunes soldats de la classe 1904 ou d'une classe postérieure, du 1er octobre de l'année d'incorporation ;
Pour les engagés volontaires et pour les rengagés, du jour de la signature de leur engagement, même lorsque le rengagement a été autorisé avec effet rétroactif.
Pour les commissionnés, de la date de leur nomination.
Il prend fin :
Pour les jeunes soldats, le jour de leur passage dans la réserve de l'armée active ;
Pour les engagés volontaires et rengagés, le jour de l'expiration de l'engagement (2) ;
Pour les commissionnés, le jour de la radiation des contrôles ;
Pour les militaires maintenus sous les drapeaux postérieurement à la date où ils devenaient libérables, le jour du renvoi dans leurs foyers.

Services non-admis. — Ne peuvent être compris dans les services effectifs :
Les périodes d'exercices ou de manœuvres du temps de paix, sauf le cas de blessures ou d'infirmités contractées pendant la période effectuée.
Le temps passé en congé sans solde, sauf les congés libérables.

---

(1) Pour avoir droit à une pension proportionnelle ou d'ancienneté, le militaire, qui a été commissionné après interruption de service, doit rester sous les drapeaux en cette qualité pendant une nouvelle période de 5 années consécutives (art. 65 de la loi du 21 mars 1905), sans aucune exception, même en cas de renvoi, par suite de circonstances indépendantes de sa volonté, comme la réforme par exemple.

(2) Les militaires engagés pour 5 ans et qui, au 1er novembre 1890, ont été envoyés d'office en congé après 3 ans de service comptent 5 ans. Comptent également 5 ans ceux ayant demandé de terminer leur engagement. Ceux renvoyés sur leur demande après 3 ans ne comptent que ce temps.

Le temps de désertion lorsqu'il y a eu un jugement de condamnation : depuis la date de disparition jusqu'à la date de l'arrestation ou de la réintégration volontaire (art. 4 de l'instruction du 21 mars 1906).

En cas d'amnistie conditionnelle, il y a lieu à interruption pour le temps de désertion ; même s'il n'y a pas eu condamnation ;

Le temps de l'emprisonnement résultant d'un jugement ;

Le temps passé en prévention seulement pour les militaires condamnés avec sursis.

Services civils. — Les services civils, dans les emplois rétribués par l'Etat sont admis pour constituer le droit à pension d'ancienneté pourvu que l'intéressé ait accompli 20 ans de service militaire (art. 4 et 27 de la loi du 11 avril 1831).

Les services des employés des préfectures et sous-préfectures, rétribués sur les fonds d'abonnement, peuvent être compris dans une liquidation militaire de retraite, mais à la condition que le militaire ait 20 ans de service militaire, 12 ans de services civils rétribués directement par l'Etat dans un poste sédentaire ou 10 ans dans un poste actif.

Les services civils sont comptés dans la liquidation sans condition de durée des services militaires, pour les pensions à titre de blessures ou d'infirmités.

Ils ne sont pas admis dans le calcul d'une pension proportionnelle ou de réforme.

Ils ne peuvent donner droit à la révision d'une pension militaire lorsqu'ils ont été accomplis après concession de cette pension.

Les services civils sont comptés en liquidation à partir du jour de l'entrée en fonctions, pourvu que l'intéressé ait alors atteint l'âge de 20 ans.

Lorsqu'ils ont été accomplis hors d'Europe, ils sont comptés pour moitié en sus de leur durée effective, sans que cette bonification puisse réduire de plus d'un cinquième le temps du service civil, nécessaire pour constituer le droit à pension.

Campagnes. — Les campagnes sont simples ou doubles.

Elles sont comptées en sus des services effectifs et comprises dans la totalisation des annuités pour l'évaluation du montant de la pension.

Est considéré comme campagne simple :

Le temps passé hors de France aux colonies et pays de protectorats, si les pays dans lesquels les militaires ont séjourné étaient en état de paix.

Hors d'Europe, en temps de paix pour les militaires envoyés d'Europe.

Est considéré comme campagne double :

Le temps hors de France, aux colonies et pays de protectorats si les pays dans lesquels les militaires ont séjourné étaient, soit occupés, soit en état de guerre.

Demi-Campagne. — Est compté pour moitié en sus de sa durée effective : *(militaires incorporés dans la Marine).*

Le service militaire, sur la côte en temps de guerre maritime ;

Le temps passé, au titre de la marine, à bord en rade ;

A la mer en paix ;

Aux colonies en paix.

Le temps passé par les mousses et novices sur les navires de commerce de 10 à 16 ans ;

Le temps passé par les mousses sur les navires de l'Etat est compté en totalité, mais comme campagne seulement.

Les troupes coloniales et les troupes rattachées au ministère de la marine font partie de l'armée de terre depuis le 7 juillet 1900. Les spécialistes (médecins, pharmaciens, employés militaires, etc...) depuis le 11 juin 1901.

Décompte des campagnes. — Elles commencent :

Le jour du départ de la métropole ;

Elles finissent :

Le jour du retour dans la métropole ;

Elles sont comptées par années avant le 18 mars 1904. Toute fraction d'année compte pour un an.

Elles sont comptées par années et par mois depuis le 18 mars 1904. Toute fraction de mois est comptée pour un mois.

Exemple :

2 ans, 6 mois, 10 jours = 2 ans, 7 mois.

Lorsqu'un militaire a séjourné successivment dans deux pays dont l'un donne droit à la campagne simple et l'autre à campagne double, les temps sont totalisés et comptés comme campagne simple, mais celui concernant la campagne double est compté *simple* en bonification.

Campagnes 1914-1919 (1). — *Est compté simple,* c'est-à-dire en sus du service effectif :

Le temps passé en France à l'intérieur ;

En Corse, en Algérie, en Tunisie ;

En pays envahis ;

En captivité.

Est compté double :

Le temps passé aux armées, dans une unité sous les ordres du Général commandant en chef.

En Orient ;

Aux Colonies et protectorats ;

En mission ;

En traitement dans les hôpitaux à la suite de blessures contractées aux armées ; l'année qui suit la date de la blessure est à compter comme campagne double.

Totalisation des services. — La liquidation comporte deux parties :

Exemple :

Services effectifs : 27 ans, 6 mois, 15 jours

Campagnes : 11 ans, 3 mois

Total : 38 ans, 10 mois, les 15 jours étant comptés pour un mois.

---

(1) Durée du 2 août 1914 au 23 octobre 1919.

Evaluation de la pension. — Pour évaluer le montant d'une pension, on prend :

Le chiffre de la pension acquise à 15 ans ou 25 ans de services.

L'annuité afférente en sus de cette pension est multipliée par le nombre d'années supplémentaires.

Les mois supplémentaires sont autant de fraction de l'annuité allouée.

Le total d'une pension ne comporte pas de centimes. Cinquante centimes et au-dessus sont comptés pour un franc.

Ex. : 862 fr. 50 = 863 francs.
881 fr. 25 = 881 francs.

Majoration (1). — La majoration attribuée en vertu de la loi du 25 mars 1920 est comptée en sus du montant de la pension.

Elle est attribuable à toutes les pensions résultant d'ancienneté de service concédées ou à concéder.

Evaluation de la Majoration :

Pensions proportionnelles et Pensions de reversion. — Elles sont augmentées de :

1º 100 % pour la part allant jusqu'à 375 francs.

2º 50 % pour la part comprise entre 375 francs et 900 francs inclus.

3º 25 % pour la part comprise entre 900 francs et 3.000 francs.

Pension d'ancienneté. — Elles sont augmentées de :

1º 100 % pour la part allant jusqu'à 750 francs inclus ;

2º 50 % pour la part comprise entre 750 francs et 1.800 francs inclus ;

3º 25 % pour la part comprise entre 1.800 francs et 6.000 francs.

Complément (1). — Les coefficients servant à établir le montant du complément sont :

Adjudant-chef 1,08696
Adjudant 1,09375
Aspirant. 1,01851
Sergent-Major 1,10
Sergent 1,06383

Pour évaluer le complément il faut :

1º Multiplier le montant de la pension par le coefficient correspondant au grade qui sert de base à l'établissement de la pension ;

2º Du résultat obtenu soustraire le montant de la majoration afférente à la pension ;

3º Ce résultat est à prendre pour le complément des pensions des militaires qui seront rayés des contrôles après le 1er juillet 1923 ;

4º Le total de cette opération doit être divisé par 3 pour les militaires rayés des contrôles entre le 1er juillet 1919 et le 1er juillet 1921 ;

5º Le résultat de l'opération indiquée au paragraphe 4º doit être multiplié par 2 pour les militaires qui seront rayés des contrôles entre le 1er juillet 1921 et le 1er juillet 1923.

La majoration comme le complément ne comportent pas de centimes : 50 centimes et au-dessus sont comptés pour 1 franc.

---

(1) Voir les barêmes de la majoration et du complément, pages 23 à 30.

Grade à considérer. — La pension est établie sur le dernier grade obtenu, à condition que le militaire ait 2 ans de grade au moment de sa radiation des contrôles.

Si le militaire n'a pas 2 ans de grade, elle est établie sur le grade immédiatement inférieur.

Exception est faite pour les militaires obligés de quitter l'armée à la suite de blessures ou de maladies contractées en service et donnant droit à une pension d'invalidité. C'est sur le dernier grade que la pension doit être basée qu'ils aient ou non 2 ans de grade.

Révision. — Toute pension proportionnelle ou d'ancienneté est révisable, soit pour nouveaux services (1), soit pour erreurs constatées dans la liquidation, mais seulement lorsque la seconde est plus avantageuse que la première.

Mais quel qu'ait été le grade ayant servi de base à la première liquidation, la seconde est opérée d'après le droit résultant du dernier grade obtenu comme militaire de l'armée active.

D'autre part, les militaires en possession d'un titre de pension avant le 2 août 1914 et qui ont repris du service durant la guerre, n'ont droit qu'à la majoration prévue par l'article 2 de la loi du 16 avril 1920, afférente à la pension d'avant-guerre.

Le complément est évalué sur le chiffre de la pension révisée et la majoration à soustraire est celle qui correspond à cette dernière.

Tous les militaires titulaires d'une pension et qui sont appelés à bénéficier des dispositions prévues par la loi du 16 avril 1920 devront adresser leur demande directement au Ministère des Pensions (1er Service, 3e Bureau) accompagnée d'un état général de leurs services et campagnes qu'ils demanderont à leur dernier corps ou service auquel ils ont appartenu. Ils indiqueront dans leur demande le numéro du certificat d'inscription de leur pension et la date du décret de concession de cette pension.

Date de jouissance d'une pension. — La date d'entrée en jouissance des pensions pour les sous-officiers, caporaux ou brigadiers et soldats est fixée ainsi qu'il suit :

Présents au corps : Le lendemain du jour de la notification de la pension ;

En permission ou en congé : Le jour du décret de concession, si les intéressés sont encore liés au service et le jour de la libération s'ils ont été libérés définitivement de l'activité à une date antérieure à la concession de la pension.

A l'hôpital : Mêmes conditions que précédemment.

Faisant partie d'une armée active. — Le lendemain du passage de la frontière ou du débarquement en France.

Rentrant d'Algérie ou de la Tunisie. — Pour les sous-officiers et soldats le lendemain du jour du débarquement.

Pour les anciens militaires de tous grades admis à pension ou à révision de pension par suite d'une aggravation d'infirmités survenue

---

(1) Les militaires en possession d'une pension militaire d'avant-guerre basée sur le maximum, doivent compter les services effectifs et les campagnes accomplis durant la guerre en supplément des 45 ans de services effectués antérieurement à la guerre.

postérieurement à la cessation des services, le jour du procès-verbal de vérification.

Pensions mixtes. — Les articles 59 et 60 de la loi du 31 mars 1919 déterminent les règles générales des pensions mixtes :

Les militaires n'ayant pas accompli le temps exigé pour l'obtention d'une pension proportionnelle ou d'ancienneté et qui ont été réformés pour infirmités attribuables à la guerre ont droit :

1° A la pension correspondante aux services effectifs et campagnes qu'ils ont accomplis.

2° A la pension d'invalidité allouée à un soldat atteint de la même infirmité.

Ils peuvent opter pour la pension d'invalidité correspondant à leur grade et à leurs blessures ou maladies, mais cette option comporte la suppression de la pension proportionnelle ou d'ancienneté (1).

Le militaire qui opte pour cette dernière pension ne peut plus revenir sur sa décision.

Seuls sa veuve ou ses orphelins peuvent obtenir la reversion sur la pension la plus avantageuse.

Pensions de reversion. — Ont droit à une pension de reversion :

Les veuves et orphelins des militaires de carrière qui, au moment de leur décès, avaient droit à une pension d'ancienneté ou étaient en possession de ladite pension.

Les veuves et orphelins des militaires de carrière décédés à la suite de blessures ou maladies contractées en service, que le décès soit survenu en service actif ou non.

Les veuves et orphelins des militaires titulaires d'une pension proportionnelle et qui ont repris du service pendant la guerre.

PENSIONS DE REVERSION

GRADE	Minimum après 25 ans	Pension de réversion à la veuve	Majoration (art. 2)	Maximum après 25 ans	Pension de réversion à la veuve	Majoration (art. 2.)
Adjudant-chef .	1.100	700	538	1.400	1.050	675
Adjudant . . .	1.000	650	513	1.300	975	656
Aspirant . . .	950	625	500	1.250	937	647
Sergent-Major .	900	600	488	1.200	900	638
Sergent	800	550	463	1.100	825	600
Caporal	700	450	413	900	675	525
Soldat	600	375	375	750	563	469

Procédure et délais de liquidation. — Les militaires ayant droit à une pension proportionnelle ou d'ancienneté doivent en faire la demande sur une formule spéciale.

---

(1) Il est généralement plus avantageux d'opter pour la pension proportionnelle ou d'ancienneté et la pension d'invalidité de soldat.

Cette demande est transmise au Ministère des Pensions par le Corps de troupe auquel appartient l'intéressé. Elle doit être accompagnée de l'état des services ainsi que l'extrait de naissance du militaire.

L'état des services seul sert de base à l'établissement de la pension.

Lorsque les pièces ci-dessus sont parvenues au Ministère des Pensions, il est procédé à leur vérification. Si l'état des services contient des erreurs matérielles, retour en fait au corps qui doit les rectifier.

Si le dossier est conforme, la liquidation est établie et copie en est adressée au titulaire afin de lui permettre de réclamer s'il le juge nécessaire.

La liquidation est, ensuite, adressée au Ministère des Finances pour être concédée. Les concessions se font par arrêté interministériel (Ministères des Pensions et des Finances). Cette opération terminée, le Ministère des Finances transmet les titres de pension au Ministère des Pensions qui, lui, les adresse aux Sous-Intendants militaires des départements où demeurent les intéressés.

Nous estimons que cette procédure exige un délai *de 6 mois au maximum* entre la radiation des contrôles et la remise du titre de paiement aux pensionnés.

Réclamations. — Les militaires peuvent s'adresser directement au Ministère des Pensions lorsqu'ils estiment que la liquidation dont ils ont reçu une copie ne leur semble pas juste. Ils doivent réclamer immédiatement pour éviter toute perte de temps.

Toutefois, lorsqu'il y a litige, ils peuvent se pourvoir devant le Conseil d'Etat (1). Ce pourvoi est présenté soit par l'intermédiaire d'un avocat du Conseil d'Etat, soit par une requête signée de la partie.

Si la demande est reconnue fondée, les frais afférents sont à la charge de l'Etat. Dans le cas contraire, c'est le réclamant qui doit les payer.

Si la requête est déposée avant le premier paiement des arrérages de la pension, le pensionné peut les percevoir, sans que cela puisse nuire au succès du pourvoi.

Avances. — Seuls, les militaires qui ne sont pas en possession d'un titre de pension peuvent demander des avances en attendant que leur pension soit liquidée.

Pour les obtenir, ils devront adresser leur demande au chef de la Section Régionale des Pensions dans la région de leur domicile.

En aucun cas, l'avance ne peut être supérieure aux deux tiers du montant des arrérages de pension qui auraient pu être perçus à la date de la dernière échéance trimestrielle de payement (1er mars, 1er juin, 1er septembre, 1er décembre) si la concession avait été faite avant cette date sur la base du projet de liquidation.

La somme payée à titre d'avance est précomptée sur les premiers arrérages de la pension.

Les militaires sont tenus, dans tous les cas, de fournir à l'appui de leur demande le certificat de cessation de paiement délivré par le Conseil d'administration du corps ou par le chef de service auquel ils ont appartenu en dernier lieu.

---

(1) Le délai d'introduction d'un pourvoi est de deux mois à partir du jour du premier versement des arrérages.

Arrérages. — Les arrérages, c'est-à-dire les sommes dues depuis l'entrée en jouissance jusqu'au jour de la remise du titre, sont compris dans le premier trimestre du titre de pension.

Prescription. — La prescription est irrévocablement acquise contre tous les militaires qui ont été rayés des contrôles depuis plus de cinq ans.

Elle est interrompue par :

1º La remise aux autorités militaires compétentes d'une demande de pension ou de revision qui n'a pas reçu de solution.

2º La production d'un document prouvant que l'infirmité qui fait l'objet de la demande avait atteint le degré de gravité exigé pour le droit à pension, avant l'expiration du délai de prescription.

Tableaux et Barêmes

pour calculer :

Pensions proportionnelles de 15 à 25 ans
(Services effectifs et campagnes)

Pensions proportionnelles et pensions d'ancienneté de 25 à 45 ans de services effectifs et campagnes.

Pensions d'invalidité et pensions afférentes.

Majorations aux pensions proportionnelles de caporaux, soldats, veuves et orphelins, inférieures à 480 francs.

Majorations et complément des pensions proportionnelles de 480 à 800 francs.

Majorations et complément des pensions proportionnelles et d'ancienneté de 800 à 1.400 francs, avec tableau des accroissements par annuités.

BARÊME DES PENSIONS PROPORTIONNELLES

De 15 à 25 ans (Services effectifs et campagnes).

ADJUDANT-CHEF : Accroissement annuel 44 francs.

ANNUITES		MOIS										
		1	2	3	4	5	6	7	8	9	10	11
15 ans.	660	664	667	671	675	678	682	686	689	693	697	700
16 ,,	704	708	711	715	719	722	726	730	733	737	741	744
17 ,,	748	752	755	759	763	766	770	774	777	781	785	788
18 ,,	792	796	799	803	807	810	814	818	821	825	829	832
19 ,,	836	840	843	847	851	854	858	862	865	869	873	876
20 ,,	880	884	887	891	895	898	902	906	909	913	917	920
21 ,,	924	928	931	935	939	942	946	950	953	957	961	964
22 ,,	968	972	975	979	983	986	990	994	997	1.001	1.005	1.008
23 ,,	1.012	1.016	1.019	1.023	1.027	1.030	1.034	1.038	1.041	1.045	1.049	1.052
24 ,,	1.056	1.060	1.063	1.067	1.071	1.074	1.078	1.082	1.085	1.089	1.093	1.096
25 ,,	1.100											

ADJUDANT : Accroissement annuel 40 francs.

ANNUITES		1	2	3	4	5	6	7	8	9	10	11
15 ans.	600	603	607	610	613	617	620	623	627	630	633	637
16 ,,	640	643	647	650	653	657	660	663	667	670	673	677
17 ,,	680	683	687	690	693	697	700	703	707	710	713	717
18 ,,	720	723	727	730	733	737	740	743	747	750	753	757
19 ,,	760	763	767	770	773	777	780	783	787	790	793	797
20 ,,	800	803	807	810	813	817	820	823	827	830	833	837
21 ,,	840	843	847	850	853	857	860	863	867	870	873	877
22 ,,	880	883	887	890	893	897	900	903	907	910	913	917
23 ,,	920	923	927	930	933	937	940	943	947	950	953	957
24 ,,	960	963	967	970	973	977	980	983	987	990	993	997
25 ,,	1.000											

SERGENT-MAJOR : Accroissement annuel 36 francs.

ANNUITÉS		MOIS.										
		1	**2**	**3**	**4**	**5**	**6**	**7**	**8**	**9**	**10**	**11**
15 ans.	540	543	546	549	552	555	558	561	564	567	570	573
16 ,,	576	579	582	585	588	591	594	597	600	603	606	609
17 ,,	612	615	618	621	624	627	630	633	636	639	642	645
18 ,,	648	651	654	657	660	663	666	669	672	675	678	681
19 ,,	684	687	690	693	696	699	702	705	708	711	714	717
20 ,,	720	723	726	729	732	735	738	741	744	747	750	753
21 ,,	756	759	762	765	768	771	774	777	780	783	786	789
22 ,,	792	795	798	801	804	807	810	813	816	819	822	825
23 ,,	828	831	834	837	840	843	846	849	852	855	858	861
24 ,,	864	867	870	873	876	879	882	885	888	891	894	897
25 ,,	900											

SERGENT : Accroissement annuel 32 francs.

		1	**2**	**3**	**4**	**5**	**6**	**7**	**8**	**9**	**10**	**11**
15 ans.	480	483	485	488	491	493	496	499	501	504	507	509
16 ,,	512	515	517	520	523	525	528	531	533	536	539	541
17 ,,	544	547	549	552	555	557	560	563	565	568	571	573
18 ,,	576	579	581	584	587	589	592	595	597	600	603	605
19 ,,	608	611	613	616	619	621	624	627	629	632	635	637
20 ,,	640	643	645	648	651	653	656	659	661	664	667	669
21 ,,	672	675	677	680	683	685	688	691	693	696	699	701
22 ,,	704	707	709	712	715	717	720	723	725	728	731	733
23 ,,	736	739	741	744	747	749	752	755	757	760	763	765
24 ,,	768	771	773	776	779	781	784	787	789	792	795	797
25 ,,	800											

CAPORAL : Accroissement annuel 28 francs.

ANNUITÉS		MOIS										
		1	2	3	4	5	6	7	8	9	10	11
15 ans.	420	422	425	427	429	432	434	436	439	441	443	446
16 ,,	448	450	453	455	457	460	462	464	467	469	471	474
17 ,,	476	478	481	483	485	488	490	492	495	497	499	502
18 ,,	504	506	509	511	513	516	518	520	523	525	527	530
19 ,,	532	534	537	539	541	544	546	548	551	553	555	558
20 ,,	560	562	565	567	569	572	574	576	579	581	583	586
21 ,,	588	590	593	595	597	600	602	604	607	609	611	614
22 ,,	616	618	621	623	625	628	630	632	635	637	639	642
23 ,,	644	646	649	651	653	656	658	660	663	665	667	670
24 ,,	672	674	677	679	681	684	686	688	691	693	695	698
25 ,,	700											

SOLDAT : Accroissement annuel 24 francs.

		1	2	3	4	5	6	7	8	9	10	11
15 ans.	360	362	364	366	368	370	372	374	376	378	380	382
16 ,,	384	386	388	390	392	394	396	398	400	402	404	406
17 ,,	408	410	412	414	416	418	420	422	424	426	428	430
18 ,,	432	434	436	438	440	442	444	446	448	450	452	454
19 ,,	456	458	460	462	464	466	468	470	472	474	476	478
20 ,,	480	482	484	486	488	490	492	494	496	498	500	502
21 ,,	504	506	508	510	512	514	516	518	520	522	524	526
22 ,,	528	530	532	534	536	538	540	542	544	546	548	550
23 ,,	552	554	556	558	560	562	564	566	568	570	572	574
24 ,,	576	578	580	582	584	586	588	590	592	594	596	598
25 ,,	600											

BARÊME DES PENSIONS PROPORTIONNELLES
ET DES PENSIONS D'ANCIENNETÉ PAR ANNÉES ET PAR MOIS

25 à 45 ans de Service effectif et campagnes.

ADJUDANT-CHEF : 15 francs par annuités après 25 ans.

ANNUITÉS		MOIS										
		1	2	3	4	5	6	7	8	9	10	11
25 ans.	1.100	1.101	1.103	1.104	1.105	1.106	1.108	1.109	1.110	1.111	1.113	1.114
26 ,,	1.115	1.116	1.118	1.119	1.120	1.121	1.123	1.124	1.125	1.126	1.128	1.129
27 ,,	1.130	1.131	1.133	1.134	1.135	1.136	1.138	1.139	1.140	1.141	1.143	1.144
28 ,,	1.145	1.146	1.148	1.149	1.150	1.151	1.153	1.154	1.155	1.156	1.158	1.159
29 ,,	1.160	1.161	1.163	1.164	1.165	1.166	1.168	1.169	1.170	1.171	1.173	1.174
30 ,,	1.175	1.176	1.178	1.179	1.180	1.181	1.183	1.184	1.185	1.186	1.188	1.189
31 ,,	1.190	1.191	1.193	1.194	1.195	1.196	1.198	1.199	1.200	1.201	1.203	1.204
32 ,,	1.205	1.206	1.208	1.209	1.210	1.211	1.213	1.214	1.215	1.216	1.218	1.219
33 ,,	1.220	1.221	1.223	1.224	1.225	1.226	1.228	1.229	1.230	1.231	1.233	1.234
34 ,,	1.235	1.236	1.238	1.239	1.240	1.241	1.243	1.244	1.245	1.246	1.248	1.249
35 ,,	1.250	1.251	1.253	1.254	1.255	1.256	1.258	1.259	1.260	1.261	1.263	1.264
36 ,,	1.265	1,266	1.268	1.269	1.270	1.271	1.273	1.274	1.275	1.276	1.278	1.279
37 ,,	1.280	1.281	1.283	1.284	1.285	1.286	1.288	1.289	1.290	1.291	1.293	1.294
38 ,,	1.295	1.296	1.298	1.299	1.300	1.301	1.303	1.304	1.305	1.306	1.308	1.309
39 ,,	1.310	1.311	1.313	1.314	1.315	1.316	1.318	1.319	1.320	1.321	1.323	1.324
40 ,,	1.325	1.326	1.328	1.329	1.330	1.331	1.333	1.334	1.335	1.336	1.338	1.339
41 ,,	1.340	1.341	1.343	1.344	1.345	1.346	1.348	1.349	1.350	1.351	1.353	1.354
42 ,,	1.355	1.356	1.358	1.359	1.360	1.361	1.363	1.364	1.365	1.366	1.368	1.369
43 ,,	1.370	1.371	1.373	1.374	1.375	1.376	1.378	1.379	1.380	1.381	1.383	1.384
44 ,,	1.385	1.386	1.388	1.389	1.390	1.391	1.393	1.394	1.395	1.396	1.398	1.399
45 ,,	1.400											

ANNUITÉS		MOIS										
		1	2	3	4	5	6	7	8	9	10	11
25 ans.	1.000	1.001	1.003	1.004	1.005	1.006	1.008	1.009	1.010	1.011	1.013	1.014
26 „	1.015	1.016	1.018	1.019	1.020	1.021	1.023	1.024	1.025	1.026	1.028	1.029
27 „	1.030	1.031	1.033	1.034	1.035	1.036	1.038	1.039	1.040	1.041	1.043	1.044
28 „	1.045	1.046	1.048	1.049	1.050	1.051	1.053	1.054	1.055	1.056	1.058	1.059
29 „	1.060	1.061	1.063	1.064	1.065	1.066	1.068	1.069	1.070	1.071	1.073	1.074
30 „	1.075	1.076	1.078	1.079	1.080	1.081	1.083	1.084	1.085	1.086	1.088	1.089
31 „	1.090	1.091	1.093	1.094	1.095	1.096	1.098	1.099	1.100	1.101	1.103	1.104
32 „	1.105	1.106	1.108	1.109	1.110	1.111	1.113	1.114	1.115	1.116	1.118	1.119
33 „	1.120	1.121	1.123	1.124	1.125	1.126	1.128	1.129	1.130	1.131	1.133	1.134
34 „	1.135	1.136	1.138	1.139	1.140	1.141	1.143	1.144	1.145	1.146	1.148	a.149
35 „	1.150	1.151	1.153	1.154	1.155	1.156	1.158	1.159	1.160	1.161	1.163	1.164
36 „	1.165	1.166	1.168	1.169	1.170	1.171	1.173	1.174	1.175	1.176	1.178	1.179
37 „	1.180	1.181	1.183	1.184	1.185	1.186	1.188	1.189	1.190	1.191	1.193	1.194
38 „	1.195	1.196	1.198	1.199	1.200	1.201	1.203	1.204	1.205	1.206	1.208	1.209
39 „	1.210	1.211	1.213	1.214	1.215	1.216	1.218	1.219	1.220	1.221	1.223	1.224
40 „	1.225	1.226	1.228	1.229	1.230	1.231	1.233	1.234	1.235	1.236	1.238	1.239
41 „	1.240	1.241	1.243	1.244	1.245	1.246	1.248	1.249	1.250	1.251	1.253	1.254
42 „	1.255	1.256	1.258	1.259	1.260	1.261	1.263	1.264	1.265	1.266	1.268	1.269
43 „	1.270	1.271	1.273	1.274	1.275	1.276	1.278	1.279	1.280	1.281	1.283	1.284
44 „	1.285	1.286	1.288	1.289	1.290	1.291	1.293	1.294	1.295	1.296	1.298	1.299
45 „	1.300											

SERGENT-MAJOR : 15 francs par annuité au-dessus de 25 ans.

ANNUITÉS		MOIS										
		1	2	3	4	5	6	7	8	9	10	11
25 ans.	900	901	903	904	905	906	908	909	910	911	913	914
26 ,,	915	916	918	919	920	921	923	924	925	926	928	929
27 ,,	930	931	933	934	935	936	938	939	940	941	943	944
28 ,,	945	946	948	949	950	951	953	954	955	956	958	959
29 ,,	960	961	963	964	965	966	968	969	970	971	973	974
30 ,,	975	976	978	979	980	981	983	984	985	986	988	989
31 ,,	990	991	993	994	995	996	998	999	1.000	1.001	1.003	1.004
32 ,,	1.005	1.006	1.008	1.009	1.010	1.011	1.013	1.014	1.015	1.016	1.018	1.019
33 ,,	1.020	1.021	1.023	1.024	1.025	1.026	1.028	1.029	1.030	1.031	1.033	1.034
34 ,,	1.035	1.036	1.038	1.039	1.040	1.041	1.043	1.044	1.045	1.046	1.048	1.049
35 ,,	1.050	1.051	1.053	1.054	1.055	1.056	1.058	1.059	1.060	1.061	1.063	1.064
36 ,,	1.065	1.066	1.068	1.069	1.070	1.071	1.073	1.074	1.075	1.076	1.078	1.079
37 ,,	1.080	1.081	1.083	1.084	1.085	1.086	1.088	1.089	1.090	1.091	1.093	1.094
38 ,,	1.095	1.096	1.098	1.099	1.100	1.101	1.103	1.104	1.105	1.106	1.108	1.109
39 ,,	1.110	1.111	1.113	1.114	1.115	1.116	1.118	1.119	1.120	1.121	1.123	1.124
40 ,,	1.125	1.126	1.128	1.129	1.130	1.131	1.133	1.134	1.135	1.136	1.138	1.139
41 ,,	1.140	1.141	1.143	1.144	1.145	1.146	1.148	1.149	1.150	1.151	1.153	1.154
42 ,,	1.155	1.156	1.158	1.159	1.160	1.161	1.163	1.164	1.165	1.166	1.168	1.169
43 ,,	1.170	1.171	1.173	1.174	1.175	1.176	1.178	1.179	1.180	1.181	1.183	1.184
44 ,,	1.185	1.186	1.188	1.189	1.190	1.191	1.193	1.194	1.195	1.196	1.198	1.199
45 ,,	1.200											

ANNUITÉS		MOIS										
		1	2	3	4	5	6	7	8	9	10	11
25 ans.	800	801	803	804	805	806	808	809	810	811	813	814
26 ,,	815	816	818	819	820	821	823	824	825	826	828	829
27 ,,	830	831	833	834	835	836	838	839	840	841	843	844
28 ,,	845	846	848	849	850	851	853	854	855	856	858	859
29 ,,	860	861	863	864	865	866	868	869	870	871	873	874
30 ,,	875	876	878	879	880	881	883	884	885	886	888	889
31 ,,	890	891	893	894	895	896	898	899	900	901	903	904
32 ,,	905	906	908	909	910	911	913	914	915	916	918	919
33 ,,	920	921	923	924	925	926	928	929	930	931	933	934
34 ,,	935	936	938	939	940	941	943	944	945	946	948	949
35 ,,	950	951	953	954	955	956	958	959	960	961	963	964
36 ,,	965	966	968	969	970	971	973	974	975	976	978	979
36 ,,	980	981	983	984	985	986	988	989	990	991	993	994
38 ,,	995	996	998	999	1.000	1.001	1.003	1.004	1.005	1.006	1.008	1.009
39 ,,	1.010	1.011	1.013	1.014	1.015	1.016	1.018	1.019	1.020	1.021	1.023	1.024
40 ,,	1.025	1.026	1.028	1.029	1.030	1.031	1.033	1.034	1.035	1.036	1.038	1.039
41 ,,	1.040	1.041	1.043	1.044	1.045	1.046	1.048	1.049	1.050	1.051	1.053	1.054
42 ,,	1.055	1.056	1.058	1.059	1.060	1.061	1.063	1.064	1.065	1.066	1.068	1.069
43 ,,	1.070	1.071	1.073	1.074	1.075	1.076	1.078	1.079	1.080	1.081	1.083	1.084
44 ,,	1.085	1.086	1.088	1.089	1.090	1.091	1.093	1.094	1.095	1.096	1.098	1.099
45 ,,	1.100											

ANNUITÉS		MOIS										
		1	2	3	4	5	6	7	8	9	10	11
25 ans.	700	701	702	703	703	704	705	706	707	708	708	709
26 ,,	710	711	712	713	713	714	715	716	717	718	718	719
27 ,,	720	721	722	723	723	724	725	726	727	729	728	729
28 ,,	730	731	732	733	733	734	735	736	737	738	738	739
29 ,,	740	741	742	743	743	744	745	746	747	748	748	749
30 ,,	750	751	752	753	753	754	755	756	757	758	758	759
31 ,,	760	761	762	763	763	764	765	766	767	768	768	769
32 ,,	770	771	772	773	773	774	775	776	777	778	778	779
33 ,,	780	781	782	783	783	784	785	786	787	788	788	789
34 ,,	790	791	792	793	793	794	795	796	797	798	798	799
35 ,,	800	801	802	803	803	804	805	806	807	808	808	809
36 ,,	810	811	812	813	813	814	815	816	817	818	818	819
37 ,,	820	821	822	823	823	824	825	826	827	828	828	829
38 ,,	830	831	832	833	833	834	835	836	837	838	838	839
39 ,,	840	841	842	843	843	844	845	846	847	848	848	849
40 ,,	850	851	852	853	853	854	855	856	857	858	858	859
41 ,,	860	861	862	863	863	864	865	866	867	868	868	869
42 ,,	870	871	872	873	873	874	875	876	877	878	878	879
43 ,,	880	881	882	883	883	884	885	886	887	888	888	889
44 ,,	890	891	892	893	893	894	895	896	897	898	898	899
45 ,,	900											

ANNUITÉS		MOIS										
		1	2	3	4	5	6	7	8	9	10	11
25 ans.	600	601	601	602	603	603	604	604	605	606	606	607
26 „	608	608	609	609	610	611	611	612	613	613	614	614
27 „	615	616	616	617	618	618	619	619	620	621	621	622
28 „	623	624	624	625	625	626	626	627	628	628	629	629
29 „	630	631	631	632	633	633	634	634	635	636	636	637
30 „	638	638	639	639	640	641	641	642	643	643	644	644
31 „	645	646	646	647	648	648	649	649	650	651	651	652
32 „	653	654	654	655	655	656	656	657	658	658	659	659
33 „	660	661	661	662	663	663	664	664	665	666	666	667
34 „	668	668	669	669	670	671	671	672	673	673	674	674
35 „	675	676	676	677	678	678	679	679	680	681	681	682
36 „	683	684	684	685	685	686	686	687	688	688	689	689
37 „	690	691	691	692	693	693	694	694	695	696	696	697
38 „	698	698	699	699	700	701	701	702	703	703	704	704
39 „	705	706	706	707	708	708	709	709	710	711	711	712
40 „	713	714	714	715	715	716	716	717	718	718	719	719
41 „	720	721	721	722	722	723	724	724	725	726	726	727
42 „	728	728	729	729	730	731	731	732	733	733	734	734
43 „	735	736	736	737	738	738	739	739	740	741	741	742
44 „	743	744	744	745	745	746	746	747	748	748	749	749
45 „	750											

BARÊME DES PENSIONS D'INVALIDITÉ ET MAJORATIONS AFFÉRENTES

Pensions d'invalidité.

GRADE	POURCENTAGE																		
	10%	15%	20%	25%	30%	35%	40%	45%	50%	55%	60%	65%	70%	75%	80%	85%	90%	95%	100%
Adjudant-Chef ...	260	390	520	650	780	910	1.040	1.170	1.300	1.430	1.560	1.690	1.820	1.950	2.080	2.210	2.340	2.470	2.600
Adjudant	255	383	510	638	765	893	1.020	1.148	1.275	1.403	1.530	1.658	1.785	1.913	2.040	2.168	2.295	2.423	2.550
Aspirant	252	378	504	630	756	882	1.008	1.134	1.260	1.386	1.512	1.638	1.764	1.890	2.016	2.142	2.268	2.394	2.520
Sergent-Major ...	249	374	498	623	747	872	996	1.121	1.245	1.370	1.494	1.619	1.743	1.868	1.992	2.117	2.241	2.366	2.490
Sergent	246	369	492	615	738	861	984	1.107	1.230	1.353	1.476	1.599	1.722	1.845	1.968	2.091	2.214	2.337	2.460
Caporal..........	243	365	486	608	729	851	972	1.094	1.215	1.337	1.458	1.580	1.701	1.823	1.944	2.066	2.187	2.309	2.430
Soldat	240	360	480	600	720	840	960	1.080	1.200	1.320	1.440	1.560	1.680	1.800	1.920	2.040	2.160	2.280	2.400

MAJORATIONS

Dans tous les cas, les pensions d'infirmités comportent des majorations annuelles accordées en sus de la pension définitive ou temporaire, par enfant légitime né ou à naître suivant le tarif ci-dessous :

Degré d'invalidité	Allocation accordée	Degré d'invalidité	Allocation accordée
10 %	30 francs	55 %	165 francs
15 —	45 ,,	60 —	180 ,,
20 —	60 ,,	65 —	195 ,,
25 —	75 ,,	70 —	210 ,,
30 —	90 ,,	75 —	225 ,,
35 —	105 ,,	80 —	240 ,,
40 —	120 ,,	85 —	255 ,,
45 —	135 ,,	90 —	270 ,,
50 —	150 ,,	95 —	285 ,,
		100 —	300 ,,

BARÊME DES MAJORATIONS DES PENSIONS PROPORTIONNELLES DE CAPORAUX, SOLDATS, VEUVES ET ORPHELINS INFÉRIEURES A 480 FRANCS

Pension	Majorat.	Pension	Majorat.	Pension	Majorat.	Pension	Majorat.	Pension	Majorat.	Pension	Majorat.	Pension	Majorat.
360	390	379	377	398	387	417	396	436	406	455	415	474	425
361	389	380	378	399		418	397	437		456	416	475	
362	388	381		400	388	419		438	407	457		476	426
363	387	382	379	401		420	398	439		458	417	477	
364	386	383		402	389	421		440	408	459		478	427
365	385	384	380	403		442	399	441		460	418	479	
366	384	385		404	390	423		442	409	461			
367	383	386	381	405		424	400	443		462	419		
368	382	387		406	391	425		444	410	463			
369	381	388	382	407		426	401	445		464	420		
370	380	389		408	392	427		446	411	465			
371	379	390	383	409		428	402	447		466	421		
372	378	391		410	393	429		448	412	467			
373	377	392	384	411		430	403	449		468	422		
374	376	393		412	394	431		450	413	469			
375	375	394	385	413		432	404	451		470	423		
376	376	395		414	395	433		452	414	471			
377		396	386	415		434	405	453		472	424		
378	377	397		416	396	435		454	415	473			

NOTA BENE. — Ce tableau est nécessaire pour les pensions des caporaux et soldats qui n'ont pas droit au complément prévu par les lois des 25 mars et 16 avril 1920.

Pour ces militaires dont la pension serait supérieure à 480 francs, voir le barême des majorations et du complément des pensions proportionnelles de 480 à 800 francs.

BARÊME DES MAJORATIONS ET DU COMPLÉMENT
DES PENSIONS PROPORTIONNELLES DE 480 A 800 FRANCS

Avis important. — Tous les militaires de l'active à solde mensuelle rayés des contrôles depuis le 2 juillet 1919 ont droit :

1º A une pension proportionnelle à la durée de leur service, conformément aux tableaux que nous donnons d'autre part ;

2º A une majoration ;

3º A un complément.

Exemple :

Un sergent ayant 20 ans de service effectif et campagnes a droit :

1º à une pension de 640 ci	640	»
2º à une majoration de 508 ci	508	»
3º à un complément de 172,85 ci.	57	61

$$\text{Total. . . . . } 1.205 \; 61$$

Complément. — Les sommes portées au tableau ci-contre sont celles qui seront attribuées aux militaires qui seront rayés des contrôles après le 1er juillet 1923 ;

— Pour les militaires rayés des contrôles entre le 1er juillet 1919 et le 1er juillet 1921, ces sommes doivent être divisées par le nombre 3.

— Enfin pour ceux rayés des contrôles entre le 1er juillet 1921 et le 1er juillet 1923 le résultat de la division par 3 doit être multiplié par le nombre 2.

BARÊME DES MAJORATIONS ET DU COMPLÉMENT

DES PENSIONS PROPORTIONNELLES DE 480 A 800 FRANCS

Montant de la Pension	Majoration correspondante	Complément correspondant			
		Sergent	Sergt-Major	Adjudant	Adjud.-Chef
480	428	82.63			
490	433	88.27			
500	438	93.91			
510	443	99.55			
520	448	105.19			
530	453	110.82			
540	458	116.46	136		
550	463	122.10	142		
560	468	127.74	148		
570	473	133.38	154		
580	478	139.02	160		
590	483	144.65	166		
600	488	150.29	172	168.25	
610	493	155.93	178	174.18	
620	498	161.57	184	180.12	
630	503	167.21	190	186.06	
640	508	172.85	196	192 »	
650	513	178.48	202	197.93	
660	518	184.12	208	203.87	199.39
670	523	189.75	214	209.81	205.26
680	528	195.40	220	215.75	211.13
690	533	201.04	226	221.68	217 »
700	538	206.68	232	227.62	222.87
710	543	212.31	238	233.56	228.74
720	548	217.96	244	239.50	234.61
730	553	223.59	250	245.43	240.48
740	558	229.23	256	251.37	246.35
750	563	234.87	262	257.31	252.21
760	568	240.50	268	263.25	258.08
770	573	246.14	274	269.18	263.95
780	578	251.78	280	275.12	269.82
790	583	257.42	286	281.06	275.69

BARÊME DES MAJORATIONS ET DU COMPLÉMENT
DES PENSIONS PROPORTIONNELLES ET D'ANCIENNETÉ DE 800 FRANCS A 1.400 FRANCS

Avis important (Voir page 24).

Montant de la Pension	Majoration correspondante		Complément correspondant					
			Sergent		Sergent-Major		Adjudant	Adjudant-Chef
	Proportionnelle	Ancienneté	Proportionnelle	Ancienneté	Proportionnelle	Ancienneté	Proportionnelle	Proportionnelle
800	588	775	263.06	76.06	292		287 »	281.56
810	593	780	268.70	81.70	298		292.93	287.43
820	598	785	274.35	87.34	304		298.87	293.30
830	603	790	279.97	92.97	310		304.81	299.17
840	608	795	285.62	98.62	316		310.75	305.04
850	613	800	291.25	104.25	322		316.68	310.91
860	618	805	296.89	109.89	328		322.62	316.78
870	623	810	302.53	115.53	334		328.56	322.65
880	628	815	308.17	121.17	340		334.50	328.52
890	633	820	313.80	126.80	346		340.43	334.39
900	638	825	319.44	132.44	352	165	346.37	340.26
910	640	830	328.08	138.08	361	171	355.31	349.13
920	643	835	335.72	143.72	369	177	363.25	357 »
930	645	840	344.36	149.36	378	183	372.18	365.87
940	648	845	352 »	155 »	386	189	380.12	373.74
950	650	850	360.63	160.63	395	195	389.06	382.61
960	653	855	368.27	166.27	403	201	397 »	390.48
970	655	860	376.92	171.92	412	207	405.93	399.35
980	658	865	384.55	177.55	420	213	413.87	407.21
990	660	870	393.19	183.19	429	219	422.81	416.08

Montant de la Pension	Majoration correspondante		Complément correspondant								
			Sergent		Sergent-Major		Adjudant		Adjudant-Chef	
	Proportion.	Ancienneté	Proportion.	Ancienneté	Proportion.	Ancienneté	Proportion.	Ancienneté	Proportion.	Ancienneté
1.000	663	875	400.82	188.82	437	225	430.75	218.75	423.95	
1.010	665	880	409.46	194.46	446	231	439.68	224.68	432.82	
1.020	668	885	417.10	200.10	454	237	447.62	230.62	440.69	
1.030	670	890	425.73	205.73	463	243	456.56	236.56	449.56	
1.040	673	895	433.38	211.38	471	249	464.50	242.50	457.43	
1.050	675	900	442.02	217.02	480	255	473.43	248.43	466.30	
1.060	578	905	449.65	222.65	488	261	481.37	255.37	474.17	
1.070	680	910	458.29	228.29	497	267	490.31	261.31	483.04	
1.080	683	915	465.93	233.93	505	273	498.25	266.25	490.91	
1.090	685	920	474.57	239.57	514	279	507.18	272.18	499.78	
1.100	688	925	482.21	245.21	522	285	515.12	278.12	507.65	270.65
1.110	690	930			531	291	524.06	284.06	516.52	276.52
1.120	693	935			539	297	532 »	290 »	524.39	282.39
1.130	695	940			548	303	540.93	295.93	533.26	288.26
1.140	698	945			556	309	548.87	301.87	541.13	294.13
1.150	700	950			565	315	557.81	307.81	550 »	300 »
1.160	703	955			573	321	565.75	313.75	557.87	305.87
1.170	705	960			582	327	574.68	319.68	566.74	311.74

BARÊME DES MAJORATIONS ET DU COMPLÉMENT
DES PENSIONS PROPORTIONNELLES ET D'ANCIENNETÉ DE 800 FRANCS A 1.400 FRANCS.

Avis important (Voir page 24).

Montant de la Pension	Majoration correspondante		Complément correspondant					
			Sergent-Major		Adjudant		Adjudant-Chef	
	Proportionnelle	Ancienneté	Proportionnelle	Ancienneté	Proportionnelle	Ancienneté	Proportionnelle	Ancienneté
1.180	708	965	590	333	582.62	325.62	574.61	317.61
1.190	710	970	599	339	591.56	331.56	583.48	323.48
1.200	713	975	607	345	599.50	337.50	591.35	329.35
1.210	715	980			608.43	343.43	600.21	335.21
1.220	718	985			616.37	349.37	608.08	341.08
1.230	720	990			625.31	355.31	616.95	346.95
1.240	723	995			633.25	361.25	624.82	352.82
1.250	725	1.000			642.18	367.18	633.69	358.69
1.260	728	1.005			650.12	373.12	641.56	364.56
1.270	730	1.010			659.06	379.06	650.43	370.43
1.280	733	1.015			667 »	385 »	658.30	376.30
1.290	735	1.020			675.93	390.93	667.17	382.17
1.300	738	1.025			683.87	396.87	675.04	388.04
1.310	740	1.030					683.91	393.91
1.320	743	1.035					691.78	399.78
1.330	745	1.040					700.65	405.65
1.340	748	1.045					708.52	411.52
1.350	750	1.050					717.39	417.39
1.360	753	1.055					725.26	423.26
1.370	755	1.060					734.13	429.13
1.380	758	1.065					742 »	435 »
1.390	760	1.070					750.87	440.87
1.400	763	1.075					758.74	446.74

ACCROISSEMENT PAR UNITÉ (1 à 9) DU COMPLÉMENT

1º Des Pensions proportionnelles de 480 à 900 francs.

GRADE		1	2	3	4	5	6	7	8	9
						UNITÉS EN FRANCS				
Sergent,	accroissement de	1.07	1.13	2.19	2.26	3.32	3.39	4.46	4.52	5.58
Sergent-Major,	,, ,, ...	1.10	1.20	2.30	2.40	3.50	3.60	4.70	4.80	5.90
Adjudant,	,, ,, ...	1.09	1.18	2.28	2.37	3.46	3.56	4.65	4.75	5.78
Adjudant-Chef,	,, ,, ...	1.09	1.17	2.26	2.35	3.43	3.52	4.61	4.69	5.78

2º Des Pensions d'ancienneté de 800 à 1.400 francs.

GRADE		1	2	3	4	5	6	7	8	9
						(1)				
Sergent,	,, ,, ...	0.06	1.12	1.19	2.25	2.32	3.38	3.45	4.51	4.57
Sergent-Major,	,, ,, ...	0.10	1.20	1.30	2.40	2.50	3.60	3.70	4.80	4.90
Adjudant,	,, ,, ...	0.09	1.18	1.28	2.37	2.46	3.56	3.65	4.75	4.78
Adjudant-Chef,	,, ,, ...	0.09	1.17	1.26	2.35	2.43	3.52	3.61	4.69	4.78

3º Des Pensions proportionnelles de 900 à 1.400 francs.

GRADE		1	2	3	4	5	6	7	8	9
Sergent,	accroissement de	1.07	2.13	3.19	3.26	4.32	5.38	6.45	6.51	7.58
Sergent-Major,	,, ,, ...	1.10	2.20	3.30	3.40	4.50	5.60	6.70	6.80	7.90
Adjudant,	,, ,, ...	1.09	2.19	3.28	3.38	4.47	5.57	6.66	6.75	7.84
Adjudant-Chef,	,, ,, ...	1.09	2.17	3.26	3.36	4.43	5.52	6.60	6.68	7.77

(1) Exemple : Pension d'ancienneté d'un Sergent s'élevant à 955 francs : Complément sur 950 francs 160.63 (Voir page 26).
— 5 — 2.32
— 955 francs 162.95

www.ingramcontent.com/pod-product-compliance
Ingram Content Group UK Ltd.
Pitfield, Milton Keynes, MK11 3LW, UK
UKHW022318170726
13837UKWH00005BA/2051